1 MONTH OF
FREE
READING

at

www.ForgottenBooks.com

By purchasing this book you are eligible for one month membership to ForgottenBooks.com, giving you unlimited access to our entire collection of over 1,000,000 titles via our web site and mobile apps.

To claim your free month visit:

www.forgottenbooks.com/free1045257

ISBN 978-0-364-65276-3
PIBN 11045257

Zur Beurteilung der deutschen Kriegsführung

von Prof. Fr. Wilhelm Foerster

Veröffentlichung der
"Deutschen
Friedensgesellschaft"
Berlin-Stuttgart

Zweite erweiterte Auflage.

Verlag Neues Vaterland
E. Berger & Co. Berlin W. 62

Zur Beurteilung
der deutſchen Kriegsführung.

Wohl alle diejenigen Deutſchen, die in den letzten Monaten
Gelegenheit hatten, mit Neutralen oder Angehörigen des feindlichen Auslandes über die Probleme der Wiederannäherung der
Völker, insbeſondere über eine neue kulturelle Zuſammenarbeit
zwiſchen Deutſchen und Franzoſen ſich eingehend auszuſprechen, ſind
ſich völlig klar darüber, daß von irgendeiner Verſöhnung auch
nicht im entfernteſten die Rede ſein kann, ſo lange nicht von
deutſcher Seite . — ſei es auch nur von beſtimmten führenden
Gruppen oder Perſönlichkeiten — ein ehrliches Wort des Abſcheus
über gewiſſe, ganz unfaßbare Übeltaten der deutſchen Kriegsführung ausgeſprochen ſei. Was dieſe Untaten betrifft, ſo handelt
es ſich dabei keineswegs um Dinge, die dem Kriege als ſolchem
unvermeidlich angehören. Es handelt ſich vielmehr um Über-
ſchreitungen des Völkerrechts und Vergehen gegen die Menſchlich-
keit, die — auf Grund einer geradezu wahnwitzigen Überſpannung
des Begriffes der „militäriſchen Notwendigkeit" — ſo weit über
alle bisherige Praxis hinausgingen, daß ſie die Urſache einer
moraliſchen Blockade gegen das deutſche Volk geworden ſind,
deren erſchreckende Wirkſamkeit uns erſt nach Friedensſchluß in
ganzem Umfange klar werden wird.

Im November 1918 iſt eine Anklageſchrift von Liller Pro-
feſſoren über die Methoden der im April 1916 erfolgten, von
General Zöllner befohlenen Deportation von 10 000 jungen
Mädchen und Frauen aus Lille erſchienen, deren Einzelheiten —
die den Offizieren der damaligen bayeriſchen Beſatzung und des
64. pommerſchen Infanterieregiments genau bekannt ſein müſſen
— jedem Deutſchen die Schamröte ins Geſicht treiben ſollten.
Es heißt dort: „Die Unterzeichneten erklären feierlich, daß ſie
künftig an keiner deutſchen Publikation teilnehmen und keinem
internationalen Kongreſſe beiwohnen würden, der von Deutſchen
beſucht werde, ſolange jene deutſchen Kollegen nicht durch eine
öffentliche Erklärung ihre Mißbilligung der antiſozialen Akte der
deutſchen Heeresleitung ausgeſprochen haben". Dieſer Erklärung
hat ſich die Pariſer Akademie der Wiſſenſchaften angeſchloſſen und
die alliierten Regierungen aufgefordert, die gleiche Haltung ein-
zunehmen. Das deutſche Publikum hat nur von jenen Reſo-

lutionen, aber nicht von den T a t s a ch e n Kunde erhalten, auf
die sie sich gründen, und die leider außer jedem Zweifel stehen.
Und so steht es mit dem größeren Teil all der Tatsachen, denen
wir die moralische Blockade von seiten der Kulturwelt verdanken.
Ganz erstaunt schreibt am 10. Februar M. Bidou dem „Journal
des Débats": „Das rheinische Volk weiß nichts oder will nichts
wissen von all den Unmenschlichkeiten, Exekutionen, Deportationen,
Ausraubungen, die durch die deutsche Armee begangen worden
sind. Jedesmal wenn wir davon reden, antwortet uns ein ent-
rüstetes Erstaunen (stupeur indignée)". In der Tat: von
den allerschlimmsten Dingen, die vorläufig jede Wiederversöhnung
verhindern und die eine Hauptursache für die Härte der Waffen-
stillstandsbedingungen und für die Fortdauer der Blockade waren,
hat das deutsche Volk noch immer keine Ahnung! Und daher
kann es natürlich auch dem Ausland gegenüber nicht die richtige
Sprache finden. Es ist darum die dringendste Aufgabe der Volks-
aufklärung, die Wiederannäherung der Völker dadurch vorbereiten
zu helfen, daß dem deutschen Volke endlich die rückhaltlose Wahr-
heit vor allem über das in Nordfrankreich Geschehene gesagt
werde, damit es im Angesicht der Tatsachen durch berufene Vertreter den unbedingt notwendigen Ausdruck seiner schwersten
Mißbilligung der begangenen Untaten, seiner tiefsten Teilnahme
für die Betroffenen und seines aufrichtigsten Verlangens nach
Sühnung finde.

Eine ganze Reihe von Anklagen gegen die deutsche Kriegsführung bedürfen, um im deutschen Volke wirklich Glauben zu
finden, einer genauen Nachprüfung durch eine autorisierte Kommission, zu deren Unterstützung durch öffentlichen Aufruf das
Zeugnis derjenigen Kriegsteilnehmer herangezogen werden muß,
die jene Dinge mit angesehen, darunter wohl auch moralisch
schwer gelitten haben, jedoch unter dem Drucke der militärischen
Disziplin ihren Protest zurückzuhalten genötigt waren.

Es gibt aber auch eine Reihe von Delikten, die schon
heute so weiten Kreisen bekannt geworden und durch so viele
zuverlässige Zeugnisse erwiesen sind, daß es für die Wissenden
keine Entschuldigung mehr gibt, wenn sie noch zögern, diese
Dinge an den Pranger zu stellen und deren Bestrafung, mindestens
aber die öffentliche Kennzeichnung der Schuldigen zu fordern.
In diese Gruppe deutscher Kriegsdelikte gehören u. a. die fol-
genden Vorkommnisse:

1. Die ebenso brutalen, wie völkerrechtswidrigen Deportationen von Belgiern. Deutsche Augenzeugen fanden keine
Worte über die bei solchen Deportationen angewandte Praxis:
Es wurden nicht nur Arbeiter, sondern Leute aus allen Ständen
zusammengetrieben, wie das Vieh untergebracht, und dann ganz
unvorbereitet und daher ohne genügende Kleidung, nach Deutsch-

land gesandt. Über die völlig unnötige und unglaubliche Praxis, durch die ein an und für sich schon völkerrechtswidriger Akt zu einer schweren Menschenquälerei und zu einem wahren Fluch für den deutschen Namen in Belgien geworden ist, unterrichte man sich in dem Werke von F. Passeleque: „Les déportations belges", Paris 1916. Weit weniger bekannt, als diese belgischen Deportationen, sind 2. die Deportationen junger Mädchen und Frauen aus den besetzten französischen Gebieten. Hierüber findet sich in dem oben zitierten Protest der Liller Professoren folgender Bericht:

„Am schlimmsten war es im April 1916: was damals geschah, hat, nach dem Urteil des Rektors der Liller Akademie, die dafür verantwortliche Nation auf ewig entehrt. Als der plakatierte Aufruf zur Stellung freiwilliger Arbeitskräfte kein Gehör gefunden hatte, entschloß sich die deutsche Militärverwaltung zu gewaltsamer Requisition und ließ, weil ihr die innere Festigkeit der Landsturmgarnison zweifelhaft schien, das 64. pommersche Infanterieregiment, sichere Leute, in die Stadt einrücken. Am 22 April abends lasen die Einwohner an den Mauern den Befehl, ihre Häuser nicht zu verlassen und sich zu schneller Abreise bereit zu halten. Um 2 Uhr früh sperren Maschinengewehre die Straßen; Offiziere und Mannschaften dringen in die Häuser, suchen die Opfer aus und lassen jedem nur wenige Minuten Zeit zur Bündelung der Sachen, die sie mitnehmen dürfen. Tagelang werden, trotz Flehen und Tränen der Familien, Mädchen, Frauen, Jünglinge in Sammelstätten getrieben, von wo man sie nach Ablauf der Wartefrist auf den Bahnhof führt. Kolben und Reitpeitsche scheuchen die Eltern weg, die ihre Kinder in der letzten Minute loshitten oder wenigstens noch einmal umarmen möchten. In dem Stadtviertel Fives tranken in einer Polizeiwache bei Militärmusik deutsche Offiziere Champagner, während vor ihren Augen arme Frauen ins Exil geschleppt wurden. Herr Langlois, der Leiter des Ernährungsausschusses, der sich dort auf dem Güterbahnhof um die Proviantierung der gefangenen Landsleute mühte, schrieb uns, er werde nie, und wenn er hundert Jahre alt würde, das gräßliche Schauspiel vergessen. Zuerst in Viehwagen, dann zu Fuß ging's in Dörfer an der Aisne und in den Ardennen. Strohlager in Häusern ohne Fenster und Türen, oft ohne Dach: so waren unsere Frauen wochenlang untergebracht. Später, in leiblicherer Herberge, hatten sie sich nachts eindringender Soldaten und Offiziere zu erwehren und manche mußte, im Hemd, auf nackten Füßen draußen Schutz suchen. Die ihnen auferlegte Feldarbeit war ungemein hart; und alle, ohne Unterschied der Erziehung und des Rufes, mußten sich der entsetzlichen Schmach sittenpolizeilicher Untersuchung fügen, die mit unfaßbarer Rohheit durchgeführt wurde. Douay wurde nach der Evakuierung ganz und gar ausgeplündert. Kostbare Möbel, Kunstgerät, Silberzeug, Bücher, Pianos wurden auf Kähne verstaut, die man Tag für Tag bei St. Amand vorüberfahren sah. Alle Schränke waren leer, alle Schaufenster zerschlagen, Porzellan und Kristall in Scherben und Splittern, Sofas und Polsterstühle abgeschält, Bilder aus den Rahmen geschnitten, in der Peterskirche die Orgelpfeifen abgerissen, die Priestergewänder auf die Fliesen geworfen und von schmutzigen Sohlen besteckt; fast alles Unbewegliche in Trümmern. Sechs Monate später, nach der Rückkehr, sollten diese Liller Frauen ihre Namen auf ein weißes Blatt setzen und wurden, da sie sich weigerten, in dunkle Fabrikkeller gesperrt, die sie 14 Tage lang nicht für eine Minute, auch nicht unter dem Drang leiblichen Bedürfnisses, verlassen durften".
(Wiedergegeben von der „Zukunft" März 1919.)

Ein französischer Sozialist sagte, mit Bezug auf diese Vorkommnisse, bekanntlich im Oktober in der Kammer: „Ich bin stets für Völkerverständigung gewesen und bin es auch heute noch, aber ich müßte ein schlechter Franzose sein, wenn ich angesichts dessen, was ich in Lille gesehen und gehört habe, nicht rufen würde: Rache."[1]

Der Verfasser dieser Zeilen hatte Gelegenheit, während seines Aufenthalts in der Schweiz zahlreiche durchreisende französische Evakuierte zu sprechen. Er hatte auch Gelegenheit, die Tagebücher einer schweizerischen Pflegerin zu exzerpieren, die als Begleiterin der Evakuierten Tausende von gleichlautenden Aussagen gesammelt hatte, und zwar von Leuten, die einander niemals gesehen hatten, so daß eine Verabredung ausgeschlossen war. Von diesen Leuten wurde übereinstimmend, und zwar aus den verschiedensten französischen Städten, mit dem größten Jammer immer wieder über die Deportationen von Hunderten von jungen Mädchen zur Zwangsarbeit berichtet. Viele Mütter weinten noch ununterbrochen, weil sie nach dem Abtransport ihrer Töchter, der unter den rücksichtslosesten Formen, mit geradezu gesuchter Härte vor sich ging (die Angehörigen, die Abschied nehmen wollten, wurden mit Kolben fortgestoßen), von den Verschleppten keine Nachricht mehr bekommen konnten und nur zu gut wußten, was aus diesen Mädchen ohne weiblichen Schutz, in versuchungsreichster Situation, werden mußte. Übereinstimmend wurde geklagt, daß die Mädchen häufig an der Zerstörung des Inventars der heimischen Fabriken selber mitwirken mußten: „pour détruire les usines". Was den französischen Herzen durch diese unmenschlichen Verschleppungen angetan worden ist, das kann nur der ermessen, der weiß, wie innig die Bande des Familienlebens in Frankreich sind.[2] Der minimale Nutzen, der uns aus jener Zwangsarbeit entsprang, ist durch die politischen Folgen der furchtbaren Erbitterung tausendfach überholt. Den deutschen Frauenvereinen ist das Studium jener Deportationen ganz besonders zu empfehlen.[3] Es wäre zu wünschen, daß einer Kommission deutscher Frauen oder einer neutralen Kommission die persönliche Information bei den Betroffenen in jenen Gegenden gestattet würde. Ein immer wie-

[1] Als die Gattin des nach Polen deportierten Professor Buisine, der dort an elender Behandlung starb, einem der Offiziere, die ihren Mann davonführten, auf dessen schwere Herzstörungen aufmerksam machte, antwortete derselbe: „Madame, das ist nicht ansteckend für die deutsche Armee"!
[2] Diese Deportationen sind nicht zu verwechseln mit der zweifellos berechtigten Evakuierung der in die Feuerlinie geratenen Bevölkerung.
[3] Les Allemands à Lille et dans le nord de la France Note adressée par le Gouvernement de la republique Française, Paris, Hachette 1916.

derlehrendes Kapitel in den Erzählungen der Evakuierten ist die allmähliche, bis ins Letzte gehende Ausraubung, und dann oft noch unter ihren Augen sich vollziehende, alles erfaßende syſtematiſche Verwüſtung. „Tout est détruit — nous n'aurons jamais un chez nous", ſo heißt es immer wieder.

Die Glaubwürdigkeit all der betreffenden Ausſagen der Evakuierten erhellt beſonders daraus, daß ſie durchaus nicht unterſchiedslos anklagten. Vielmehr lobten ſie ausnahmslos den deutſchen Soldaten. Unter Hunderten von Ausſagen keine einzige Klage, nur Anerkennung: „Sie waren gut, ſie ſchenkten unſern Kindern immer aus ihren Paketen, ſie ſtahlen Brot für ſie, ſie halfen uns unſer Gepäck tragen, ſie weinten, als ſie unſer Eigentum zerſtören mußten — „ils sont malheureux comme nous!" Je höher aber hinauf in die militäriſchen Chargen, deſto erbitterter wurde das Urteil: „Lieber zehn Soldaten als einen Unteroffizier; lieber zwei Unteroffiziere als einen Offizier". Alle dieſe Berichte brachten nur wieder klar zum Bewußtſein, wie herzensgut das e i n f a c h e deutſche Volk iſt, wie ſehr aber die Ideologie der nationalen Selbſtſucht und der Staatsfetiſchismus weite deutſche B i l d u n g s ſ c h i c h t e n entmenſchlicht und ſeeliſch ausgehöhlt hat.[1] Übereinſtimmend war der Eindruck der Bevölkerung in den beſetzten Gebieten, das deutſche militäriſche Syſtem ſei eine erbarmungsloſe Maſchine, voll von „planmäßiger" Unmenſchlichkeit, und daß die Herzensverhärtung um ſo mehr zunehme, je mehr Verantwortlichkeit in einen Funktionär konzentriert ſei — (ein günſtiges Urteil wurde von den Evakuierten über die Stabsärzte gefällt).

Hier treffen wir auf eine Feſtſtellung, die für die Definition deſſen, was das Ausland „la mentalité allemande" nennt, von größter Wichtigkeit iſt: der neuere Deutſche war vor allem Amtsmenſch und Staatsmenſch, er opferte alle ſeine menſchlichen Regungen ohne Zaudern „pflichtgemäß" dem Staatsgebote auf — wir hatten Kreon ohne Antigone. Der kategoriſche Imperativ, der an die Stelle des chriſtlichen Gewiſſens getreten iſt, hat den Neudeutſchen für dieſe Entmenſchlichung erzogen. Und der Staatsimperativ, der nun ſeinerſeits alle dieſe einzelnen Willen knechtet, iſt lediglich an dem Gebote der jeweiligen greifbaren Selbſterhaltung orientiert — ein Sittengeſetz darüber, das doch auch die tieferen, ſozialen Bedingungen unſerer Selbſterhaltung vertritt, wird nicht anerkannt. Nirgends in der Welt gab es daher ſo viel Menſchen wie bei uns, die im Privatleben unantaſtbar waren, aber

---

[1] Alle Völker ſind ſelbſtſüchtig. Unſer beſonderer Fluch aber wurde der dogmatiſche und ideologiſche Nationsegoismus, unter deſſen Banne man Berückſichtigung fremder Lebensmöglichkeiten ſchon als Verrat an den eigenen Volksintereſſen anſah.

im Staatsinteresse zu jeder denkbaren Gemeinheit, ja Ruchlosig-
keit, unbedingt und ohne inneren Kampf bereit waren. Keime
zu dieser Gesinnung gab es überall in der Welt — nirgends
war sie so in alle Konsequenzen ausgelebt und systematisiert wie
in Deutschland, und innerhalb Deutschlands wiederum in Preußen
oder im verpreußten Süddeutschland. Eine von diesem Geiste er-
füllte Kriegsmaschine mußte die ganze Welt gegen sich in Waffen
rufen und dadurch sich selbst als Maschine der Landesverteidi-
gung ad absurdum führen: Wer zu seiner Defensive derartig
alles für erlaubt hält, wie wir es in diesem Kriege getan haben,
der sät eben in furchtbarem Übermut Drachenzähne, aus denen
unvergleichlich mehr feindliche Offensivkraft gegen ihn hervor-
wächst, als selbst durch die größte eigene Defensivspannung be-
wältigt werden kann und das schlimmste ist: die aufs äußerste
provozierte Empörung der ganzen Umwelt wirkt dann als moralische Blockade noch weit über den Frieden hinaus und bringt
damit drastisch den ungeheuren Rechenfehler dieser realpolitischen
Strategie an den Tag: Ihr Vernichtungsplan ist rein materia-
listisch — technisch gedacht, es fehlt jede umsichtige Berücksichti-
gung und Einschätzung des psychologischen Faktors. Daran
sind wir zugrunde gegangen. Und wenn ein höherer deutscher
Offizier in diesem Kriege einmal bemerkte: Es gibt keine Armee,
in der der einzelne Soldat weniger Ausschreitungen begeht als
die deutsche Armee, und es gibt keine Armee, in der die Oberste
Heeresleitung größere Ausschreitungen begeht als die deutsche —
so ist damit gewiß das unvermeidliche Ergebnis jener ganzen
Mentalität richtig definiert und die psychologische Herkunft der
vom deutschen Militarismus begangenen „atrocités" beleuchtet:
**die Überordnung des militärischen Gesichtspunktes über alle
anderen Gesichtspunkte.** Wer nun aber den Zusammenhang
jenes deutschen Militarismus, d. h. jener absoluten Überordnung
des militärischen Gesichtspunktes über alle anderen Rücksichten,
mit der ganzen oben beleuchteten Mentalität vor Augen hat,
der wird nicht daran denken, die Oberste Heeresleitung allein
für alle jene Dinge verantwortlich zu machen. Die maßgebenden Bildungsschichten des deutschen Volkes, die Oberlehrer,
Professoren, Kriegstheologen, Journalisten, Schwerindustrielle,
— sie sind der eigentliche Sitz unserer Schuld. Sie haben
die in der ganzen Welt vorhandene Politik der Selbstsucht in
alle Konsequenzen ausgedacht, sie zum theoretischen Be-
kenntnis, zur nationalen Religion erhoben und dadurch alle
jene Ausbrüche einer grauenhaften und zugleich gänzlich kurz-
sichtigen Kollektivselbstsucht möglich gemacht, wie sie in all den
erwähnten, fast unsühnbaren Taten der systematischen Ausraubung und Zerstörung, sowie in den berichteten unmenschlichen
Deportationen zum Ausdruck kam.

Gewiß hat auch die Behandlung der deutschen Kriegsgefangenen in Frankreich ihre tieftraurigen Kapitel. Aber es handelte sich hier immer nur um einzelne Kommandanten, nicht um Akte der Heeresleitung. Und vor allem: die sinnlosen Härten der deutschen Oberleitung gegenüber der französischen Bevölkerung in Nordfrankreich haben natürlich auch verhängnisvoll auf die Behandlung unserer Gefangenen zurückgewirkt. Daran dachte aber keiner von den Urhebern jener Deportationen.

Am verhängnisvollsten für Deutschlands Lage nach Friedens= schluß hat die **Ausraubung und Verwüstung der nordfranzösischen** Fabriken gewirkt. Von dem Schrecken und dem Umfang dieser Vernichtung, die zum Teil den gemeinsten Motiven der deutschen Konkurrenz zu danken ist, kann man sich keine auch nur annähernde Vorstellung machen. Im deutschen Volk ist darüber kaum etwas bekannt. Man hat dort immer nur die Vorstellung, daß neben anderen, inmitten der Kampf= handlung gelegenen Bauten, auch viele Fabriken zerstört sind. „C'est la guerre", so heißt es dann, und damit ist die Sache abgetan. Man weiß nicht, daß hier mit bewundernswerter Systematik mehr als ein Drittel der französischen Industrie, ja deren eigentliche Musterwerke vernichtet worden sind. Die offi= ziellen Berichte über dieses Werk der Ausraubung und Zerstörung, das mit militärischer Notwendigkeit wahrlich nichts zu tun hat, sondern die Weltherrschaft der deutschen Industrie nach dem Kriege sichern sollte, sind vor kurzem erschienen. Einen annähernden Begriff, von dem was geschehen ist, mögen folgende Proben aus einem, in der „Neuen Zürcher Zeitung" zitierten offiziellen Berichte geben (Neue Zürcher Ztg. Nr 598, 1919). Die „Forges et Aciéries du Nord et de l'Est a Valenciennes" wurden folgendermaßen behandelt:

„In den Jahren 1915/16 haben die Deutschen meistens die Roh= stoffe, Werkzeuge, Fertigfabrikate genommen, aber sich nicht an den Maschinen vergriffen. Erst im Dezember 1916 fing die Plünderung an. Eine kaiserliche Schätzungskommission, bestehend aus zwei deutschen In= dustriellen und zwei Offizieren, besuchten unser neues Werk und die Dimensionen aller Teile dieses Werkes wurden aufgenommen. Dann kamen Schrotthändler und Deutsche aller Gattungen, zirkulierten in den Werken und suchten sich das Stück aus, das ihnen am besten passen würde. Ein Herr Siemens der Firma Siemens=Schuckert ließ sich inmitten unserer Ilgener=Gruppenanlage, die diese Firma geliefert hatte, photo= graphieren, um nachher alles fortzunehmen. Dann fing die Demontage und der Abbau der Gebäude an; im neuen Werk wurde alles sorgfältig markiert, um anderswo montiert werden zu können. Adler jun., welcher Bleche mit der Stichflamme geschnitten hatte, um das Losnieten zu vermeiden, warf diese Bleche von 30 Meter Höhe auf die Gas=, Kalt= und Warmluftleitungen, alles zerbrechend und die umliegenden Teile zerstörend. Er hat im weiteren mit Dynamit die Gichtstelle des Hoch= ofens Nr. 1 gesprengt und war eben daran, dasselbe am Ofen Nr. 2 zu tun, als der Waffenstillstand unterzeichnet wurde. Am 13. Oktober 1918 (am Tage der Evakuation der Stadt) hatte das neue Werk $9/_{10}$

seiner Gebäude verloren, ferner sämtliche Walzwerke mit Ausnahme eines Walzenständers, sein Stahlwerk, seine Zentrale mit allen Dependenzien. Von dieser Zeit an haben die Deutschen sozusagen alles was noch vom Werk bestand, in die Luft gesprengt. Unter diese Zerstörungen fielen folgende Teile: fünf Brücken, eine unterirdische Durchführung, die Wasserfassungen und Leitungen, das Wasserschloß, das Kesselhaus, alle Schornsteine, die Gas- und Rauchfänger der Cooper-Anlage, die verschiedenen Rohrleitungen, die Fundamente des Rollgangs, die Keller der Ilgener-Gruppen. Sie gaben sich die größte Mühe, die Dynamos unserer zwei Gasmotoren von 1200 PS, wofür sie nicht Zeit gehabt haben, die Demontage vorzunehmen, außer Gebrauch zu setzen. Sie sprengten die Gebäude, die in keinem Zusammenhang mit den militärischen Notwendigkeiten bestanden, so z. B. die Arbeiterkantinen, die verschiedenen Bureaus, das Laboratorium, die Reparaturwerkstatt und die anliegenden Magazine, mehrere innere Geleisestränge, ein Kühler für armierten Beton usw. usw. Im alten Werk: Schon im Anfang des Jahres 1917 wurde vorgesehen, dieses Werk vollständig zu zerstören. Es wurden an Ort und Stelle mit dem Fallbär alle die Walzwerke, unsere alten und neuen Dampfmaschinen sowie eine Maschine von 1200 PS der Société Alsacienne, die im Jahre 1910 montiert wurde, zerschlagen. Man demontierte die Öfen, die Kessel wurden umgeschlagen, die Schornsteine ohne Vorsicht umgelegt, wodurch die Dampf- und sämtliche anderen Leitungen zerstört wurden. Sämtliche Zylinderdrehbänke wurden an Ort und Stelle zerschlagen, und zwar entweder mit dem Fallbär oder mit dem Hammer. Unser Physiklaboratorium, welches alle unsere Prüfmaschinen für Zugbiegung und Druck enthielt, wurde ebenfalls zerstört und das Material als Schrott bezeichnet. Unsere wiederholten Reklamationen waren erfolglos; die Deutschen waren auf Zerstörung versessen, und es konnte nichts dagegen gemacht werden. Sie hatten Befehl, alles zu zerstören, und sie zerstörten, ohne einen andern Grund zu haben, als zu vernichten. Das Bandagenwalzwerk wurde auch teilweise zerstört, die Teile der neuen Walze, von der Firma Fives-Lille geliefert und noch unmontiert, sind ebenfalls zerschlagen worden. Dasselbe geschah mit der Arpresse, den Maschinen der Dolomit-Anlagen, den Gießgruben des Thomas-Stahlwerkes, den Druckpumpen, dem Wasserakkumulator und allen Rohrleitungen, alles wurde zerschlagen und verladen zum Zwecke der Verwendung als Alteisen in den Hochöfen oder im Martinofen.

Über die Ausraubung und völlige Vernichtung des Etablissement Arbel in Douai wird folgendes berichtet:

„Man macht sich auf den ersten Blick keinen Begriff über den Umfang der Zerstörung; es ist nichts mehr da, sogar die Trümmer sind aufgeräumt, höchstens die Bolzen, die in den Betonmassiven geblieben sind, weisen darauf hin, daß zahlreiche große Werkzeugmaschinen einmal da waren, die Tausende von Arbeitern beschäftigten. Die Etablissements Arbel, die 1893 mit 40 Arbeitern begonnen, beschäftigten vor dem Kriege 2500 Arbeiter. Die Gebäude der drei großen Werkstätten deckten eine Fläche von 56000 Quadratmeter. Es bleibt heute nichts mehr davon. Von 4 Martinöfen mit einer Kapazität von 92000 Tonnen Stahl, 2 Hochöfen mit einer Leistung von je 10000 Tonnen, 2 Walzwerken für grobe und feine Bleche, mit 35 Tonnen Leistung, einem Walzwerk für Räder und einem Walzwerk für Eisenbahnbandagen, 12 Schmiedepressen, wovon eine von 30 Tonnen, mit einer Gesamtleistung von 10000 Tonnen, 4 Schmiedepressen von 3000, 1500, 1000 und 800 Tonnen, 14 Flanschenpressen, ist nichts mehr vorhanden. Die Fabrik erstellte jährlich 240 Tendres. 3000 Wagen mit großer Leistung, 10000 Automobilchaffis, 10 000 Stahlpreßstücke aller Größen, 12 000 Radachsen, 10 000 Schmiedestücke für die französische Artillerie und die Marine. Von den dafür nötigen Werkzeugmaschinen und Vorräten an fertigen sowie in Arbeit befindlichen Produkten ist nichts mehr da, während der vier Jahre der Okkupation haben die Deutschen alles weggenommen, um es nach Deutschland zu transportieren, inbegriffen die Eisengebälke und Gebäude. Eine hydraulische Schmiedepresse von 1200 Tonnen, 22 Meter lang, einziges Stück dieser Art auf dem Kontinent, wurde von einer deutschen Waggonfabrik in Kalk bei Köln mit der Bemerkung requiriert: „Mit dieser Maschine habt Ihr uns eine Bestellung von 100 Petrolwagen für Rumänien weggenommen. Wir nehmen sie nun fort und wir werden in Zukunft an Eurer Stelle die Wagen Arbel machen". Worüber sich aber Herr Arbel noch besonders beschwert, ist der Umstand, daß während dreier Monate ein deutscher Ingenieur alle Archive durchstöberte, insbesondere die Zeichnungen von Werkzeugmaschinen wegnahm, was ihm paßte, während das übrige — eine enorm geistige Arbeit — verbrannt, zerstört oder geplündert wurde. Für 33 Millionen Franken haben die Etablissemente Arbel Requisitionsscheine: das ist alles, was von der fünfundzwanzigjährigen Arbeit für die Fabrik und für die Familien der 2500 Arbeiter bleibt. Zum Wiederaufbau der Fabrik rechnet Herr Arbel sieben bis acht Jahre und zwei- bis dreimal höhere Erstellungskosten, die sich bei der ersten Gründung auf 30 bis 40 Millionen Fr. beliefen."

Das hier Wiedergegebene kann als symbolisch für das ganze Zerstörungswerk in Nordfrankreich gelten. Als Deutscher steht man vor dem Bilde dieser Zerstörungen ebenso ratlos wie die Franzosen. Man fragt sich: Wer sind wir eigentlich? Sind wir die Erben von Herder, Schiller und Goethe? Was ist aus uns geworden? Welcher böse Geist hat uns besessen? Wie kann unter uns noch jemand die Stirn haben und behaupten, unsere Heeresleitung habe diesen Krieg nicht barbarisch geführt? Wie ist es möglich, daß unter uns immer noch Leute aufstehen, sogar Pazifisten, und erklären, alle Anklagen der Gegner seien Betrug, es handle sich einfach nur um die unvermeidliche Zerstörung, die aus der Kampfhandlung als solcher entspringe? Als ob die Gegner nicht genau wüßten, was allgemeine Tragik des Krieges war. Aber gerade das ungeheuerliche an Menschenquälerei, Verwüstung und Beraubung, das weit über jenes Unvermeidliche hinausging und das dem Gegner zu den unvermeidlichen Schrecken noch derartig bösartige, von einer fast geisteskranken nationalen Selbstsucht zeugende Dinge zufügte — das hat allmählich jene gar nicht mehr zu beruhigende, ebenfalls ans Krankhafte gehende Erbitterung gegen den „Boche" erzeugt, der an dem harten Waffenstillstand und noch an manchem anderen mitgewirkt hat, was psychologisch ohne Kenntnis jener Akte allein nicht begreiflich wäre.

Zu diesen Folgen unserer Kriegsführung gehört u. a. auch die sonst unverständliche Fortdauer der Blockade. Es waren die Franzosen, die der raschen Versorgung Deutschlands mit Rohstoffen mit dem Hinweis auf ihre industries assassinées entgegentraten und forderten, zuerst müßten die französischen

Fabriken wieder aufgebaut werden, sonst geschehe ja gerade das, was die Deutschen mit ihrer Vernichtungs- und Raubstrategie bezweckt hätten: Die deutsche Industrie sei dann in der Lage, alle die Märkte wegzunehmen, die vorher der französischen Produktion gehört haben. Das deutsche Volk mag sich bei seiner Obersten Heeresleitung, seinen Schwerindustriellen, seinen akademisch gebildeten Realpolitikern für alle die bitteren Folgen bedanken, die es nun zu tragen hat und die es bis heute immer nur der grundlosen Bosheit und dem unbegreiflichen Vernichtungswillen der Gegner zugeschrieben hat.

Der einzige Trost bleibt uns allen, daß es doch eine sittliche **Weltordnung** gibt — denn tragischer und zugleich treffender konnte eine gewisse deutsche Schwerindustrie für jene aus ihrem innersten Geiste entsprungene Ausraubung gar nicht bestraft werden als dadurch, daß nun ihre eigenen Maschinen stille stehen müssen, während ringsum die Räder sich wieder in Bewegung setzen! Wenn nur nicht das arbeitende Volk, das an jenem bösen Geist wahrlich keinen Anteil hatte, für alle jenen Sünden am schwersten büßen müßte! 19 Milliarden sind allein für ausgeraubte Ausrüstungen und mutwillige Vernichtung von Fabriken zu bezahlen!

Vergeblich fragt man sich auch: welchen Sinn hatte eigentlich die bis ins Letzte gehende Zerstörung der französischen Kohlenbergwerke? 10 Jahre Arbeit bedarf es, um den Schaden wieder gut zu machen. Man hat einen großen Bach in die tiefsten Schächte hineingeleitet, um auch ja gründlich zu sein! „Das Bild der von den Deutschen vollbrachten Zerstörung, so sagt ein Bericht, übertrifft an Intensität und Vollendung alles, was man sich vorstellen kann". Eine ganze Bevölkerung hat ihren Lebensunterhalt verloren! Deutschland soll nun dafür das Saarbecken hergeben! Wahrlich es wird wohl erst allmählich dem deutschen Volke im ganzen Umfange klar werden, von welchen Führern es geleitet worden ist, und welchen Wahnsinn es als Realpolitik angebetet hat. Hat sich denn niemand von denen, die für jene Entscheidungen verantwortlich sind, damals die Frage vorgelegt, was dem deutschen Volke auferlegt werden würde, wenn die Gegner doch siegen und dann einen Schadenersatz und eine Sühne verlangen könnten, die zwar völlig gerecht sein, aber hundertfach über das hinausgehen könnte, was ein geschlagenes und ausgestoßenes Volk erarbeiten kann? Nein, niemand an den maßgebenden Stellen hat sich jene Frage vorgelegt, und so wie die offiziellen Wirtschaftstechniker zwei Jahre den Plan der Übergangswirtschaft nur unter der Voraussetzung des „Siegfriedens" ausarbeiteten, so orientierte man sich in allen Maßnahmen mit einem Übermute, der den Heiden als grauenvoll und gottverflucht erschienen wäre, nur allein an der Hoffnung des alle Gegner niederwerfenden Endsieges. Und selbst noch während des Rückzuges wurden wiederum jene systematischen Verwüstungen vollbracht, die nur unter Voraussetzung eines alle Vergeltung ausschließenden Triumphes einen Sinn haben konnten.[1]) In der „Berliner Volkszeitung" berichtet darüber „einer, der dabei war":

„... Da lasen wir die Wilson-Note mit den schweren Vorwürfen: Plünderungen, Zerstörungen! Wir lasen auch die deutschen Kommentare: Lüge, Schwindel! Da sahen wir uns draußen in die Augen, warfen die Zeitungen in den Dreck, zerstampften sie, und es haben auch ein paar wie Kinder geheult. Die meisten standen stumm wie die Klötzer da, sahen mit schreckensweit geöffneten, gleichgültigen Augen in die Welt, und dachten an das, was sie gestern, vorgestern getan hatten. Was sie requi — nein, was sie geraubt und zerstört hatten!"

Neben den Deportationen und der oben berichteten systematischen Ausraubung hat der Anblick gewisser planmäßig, bis auf das Letzte verwüsteter Gegenden am verhängnisvollsten zu der Welterbitterung beigetragen. Diese Verwüstung ist in einer Weise vorgenommen worden, daß deutsche Offiziere darüber nach Hause geschrieben haben: „Wir fühlen uns als Deutsche entehrt und beschämt durch das, was wir tun mußten." Das schlimmste war auch hier die ganze undeutsche Bösartigkeit der Zerstörung, die an zahlreichen Orten die fruchttragenden Bäume reihenweise niederlegte, die nicht fruchttragenden Bäume aber stehen ließ: oder, wie dem Verfasser ein Gutsbesitzer aus Noyon erzählte, die Mauer unbeschädigt ließ, aber das Spalierobst daran an der Wurzel abschnitt.[2]) Die französischen Bauern sollen ganz rasend über diesen Anblick geworden sein, und auch die amerikanische Armee geriet durch all jene Eindrücke in eine Erbitterung über die Deutschen, die verhängnisvoll auf die ganze öffentliche Meinung Amerikas zurückgewirkt hat. Auch heute noch ist die verzweifelte Lage Frankreichs infolge all jener Verwüstungen

---

[1]) Es war das Verdienst des Prinzen Max, hier energisch eingegriffen und die Fortsetzung dieser Zerstörungen verhindert zu haben. Die militärischen Anweisungen zu jenen Zerstörungen sind in die Hände der Alliierten gefallen. Der Schreiber dieser Zeilen hat solche Anweisungen mit Namen und Truppenteil vor Augen gehabt. „Militärische Notwendigkeit" sagt man bei uns. Mit dieser militärischen Notwendigkeit kann man alles verteidigen. Darin lag ja aber gerade die Verblendung, daß z. B. die Hemmung des feindlichen Vormarsches als der einzige leitende Gesichtspunkt wirksam war, auch in der öffentlichen Meinung der Heimat — welche psychologische Gegenwirkungen aber solche extreme Methoden gegen uns aufstacheln würden, und wie diese Gegenwirkungen sich nicht nur in neue militärische Offensivkraft umsetzen, sondern auch die Waffenstillstands- und Friedensbedingungen und alle späteren Beziehungen der Völker beeinflussen mußten, danach fragte niemand. Das eben nennt man „Militarismus".

[2]) Die deutsche Presse berichtete damals mit einem gewissen Stolz über die furchtbare Gründlichkeit jenes Zerstörungswerkes — ohne jede Ahnung davon, welche Vernichtungsinstinkte gegen das deutsche Volk durch jene Frevel erregt wurden.

eine Hauptursache für alle die Härten, gegen die die deutsche
öffentliche Meinung unablässig „protestiert“, ohne dabei auch
nur ein Wort für die Lage des Gegners zu finden. Immer
wieder liest man in der französischen Presse: „die Maires der
ehemaligen Ortschaften ... haben den Schmerz, ihren Mit-
bürgern bekannt zu geben, daß auf den Wiederaufbau ihrer
Dörfer endgültig verzichtet werden muß“.

Nun sitzen die früheren Bewohner vor ihren Ruinen oder
in ihren Kellern und weinen ... Übereinstimmend wird berichtet,
daß der Anblick der Zerstörung, bei der Brandfrösche, Minen
und systematische Vernichtung weit mehr vollbrachten, als die feindlichen Granaten (auch in St. Quentin und Douai!), derartig ent-
mutigend auf die Kommissionen gewirkt habe, daß sie einfach ratlos
sind und überhaupt gar nicht wissen, wo mit irgendwelchem Erfolge
angefangen werden kann. Das muß man doch als Deutscher
sagen: Wie würde unsere Stimmung sein, wenn uns solches
zugefügt worden wäre? Wer frevelhaft eine derartige Verwüstung unternimmt, wer das Unvermeidliche noch durch planmäßigen Raub und vorbedachtes Verwüsten übertrumpft, statt
tief erschüttert vor dem Schicksal des Landes, das in solchem
Wüten Kriegsschauplatz sein muß, alles zu tun, um die Zerstörung zu mildern und den Stachel zu lindern — der hat
das Gericht Gottes über sich und die Seinigen herausgefordert
und darf sich nicht wundern, wenn das Wort der alten Branden-
burgischen Weissagung: „Infandum scelus, morte piandum“
an ihm in Erfüllung geht. Die Menschen, denen solche Verwüstungen dargeboten und hinterlassen werden, sind auch nur
Menschen; es ist zuviel, was ihnen da zugemutet wird, man
kann sich unsererseits über nichts wundern, was sie in dem
Seelenzustand reden und fordern, in den wir sie versetzt haben.
Gewiß, es wäre besser für die Welt und für sie selbst, sie hätten
die übermenschliche Kraft Christi zum Verzeihen und Vergessen
— wir aber können es nicht fordern. Und nichts mehr Bizarres
konnte gedacht werden, als unsere Proteste — ein Appell an die
Teilnahme der anderen für unsere Lage, ohne daß man auch
nur ein einziges gutes Wort für das fremde Elend und die
fremde Ratlosigkeit fand.

Viele bei uns sagen: „Wenn die Franzosen unsere Gebiete
hätten besetzen können, so würden sie es gerade so gemacht
haben“. Gut, nehmen wir einmal an, es sei so. Dann aber
würde auch mit Recht über die Franzosen das gleiche Völker-
gericht hereingebrochen sein, durch das wir jetzt für unser
Schreckensregiment gestraft werden. Im übrigen sei auch auf
diejenigen meiner Ausführungen verwiesen, wo auf den intimen
Kausalzusammenhang zwischen der neudeutschen Mentalität und
jener planmäßigen und systematischen Härte unserer Zerstörungs-

und Deportationstechnik hingewiesen wird, die etwas anderes ist, als die Grausamkeiten und Ausschreitungen einzelner Persönlichkeiten und Gruppen einer leidenschaftlichen Rasse. Wer · diese Unterschiede nicht sehen und nicht zugeben will, nur weil er um jeden Preis die Anklage abweisen möchte, der wird auch nie die besondere Krankheit seines Volkes — an der er innerlich teilgenommen hat — treffsicher in ihrer tiefsten Wurzel erkennen und ausrotten können.

Die Oberste Heeresleitung hat in bezug auf alle jene Akte gesagt: „Militärische Notwendigkeit" — und die Presse samt den Intellektuellen sprach es gehorsam nach. Als ob diese sogenannten militärischen Notwendigkeiten, die immer mehr die ganze Welt in Raserei gegen uns versetzt haben, nicht auch vom strategischen Standpunkte aus gänzlich kurzsichtig gewesen wären, eben weil die aufgestachelte Wut sich auch in militärischer Aktionskraft gegen uns umsetzen mußte und tatsächlich umgesetzt hat. Durch alles das, was unsere Militärs als Kriegsnotwendigkeit ins Werk gesetzt und was Kriegstheologen und Professoren begeistert sanktioniert haben, ist der Kriegswille und die moralische Gewißheit der Gegner in einer Weise aufgepeitscht worden, die diese selbst nicht für möglich gehalten haben In welche Not hat uns allein schon der „Notwehrakt" der Invasion in Belgien versetzt. Wie entscheidend haben gewisse schier unglaubliche Untaten, die durch deutsche Agenten in Amerika im Auftrage des Berliner Generalstabes organisiert und inspiriert waren, die Stimmung des amerikanischen Volkes langsam für die Kriegserklärung reif gemacht! Wie hat der verschärfte U-Boot-Krieg, der die Blockade brechen sollte, erst recht ihre psychologischen Triebkräfte in der ganzen Welt verstärkt! Wie haben die Zeppelin-Angriffe dazu beigetragen, die Idee der allgemeinen Wehrpflicht in England populär zu machen! Was hat die Fernbeschießung von Paris, die völkerrechtlich zwar nicht anfechtbar und doch eine der größten Niederträchtigkeiten dieses Krieges war, die moralische Abwehrkraft des französischen Volkes gesteigert!

Die deutsche Kriegführung hat leider auch durch extreme Nichtachtung der Ehrenpflichten, die den Kriegführenden im neutralen Auslande auferlegt sind, den deutschen Namen geschändet. In dem Gepäck des deutschen amtlichen Kuriers nach Norwegen wurde bei einer Beschlagnahme und amtlichen Öffnung eine große Menge Sabotagematerials vorgefunden, während andere größere Vorräte in einem Lagerraum aufgedeckt wurden. Die Vorräte bestanden aus Höllenmaschinen in Formen von Schiffsbriketts, Zuckerstückchen mit Gelatineröhrchen, die Bazillen enthielten, Füllfederhaltern mit Blausäure gefüllt, und Bleistiften, die beim Anspitzen in Brand gerieten. Die Erregung darüber in Skandinavien war eine ungeheure. Branting erklärt, die Deutschen seien „Banditen". Der Züricher Bombenprozeß hat die unglaubliche Tatsache enthüllt, daß der deutsche Generalstab die Gastfreundschaft im neutralen Lande mißbrauchte, um Anarchisten mit Sprengstoffen und Roßbazillen zu versehen. Der Staatsanwalt konnte öffentlich konstatieren (Neue Züricher Ztg. Nr. 851, 1919):

Der Weltkrieg hat das Unmögliche zum Ereignis werden lassen: das Zusammengehen des deutschen Militarismus mit dem internationalen Anarchismus. Die deutsche Heeresleitung hat während des Krieges Agenten in unserm Lande unterhalten und — unter Beiziehung extremster indischer Revolutionäre — die italienischen Anarchisten zu Gewaltakten gegen Italien gewonnen. Damit hat die deutsche Kriegsführung unsere Neutralität aufs schwerste verletzt und mit unsern Landesinteressen ein frevelhaftes Spiel getrieben. Sie legte in die Hände von Anarchisten Sprengmittel und nahm so die Verantwortung für alle Verbrechen auf sich, die hieraus hervorgehen konnten. Das tat sie zu einer Zeit, da schon der Donner der Weltrevolution hörbar war."

Gewiß sind Verletzungen der Neutralität auch von anderer Seite geschehen. Es geschah aber erstens nicht mit solchen Mitteln und in solchem Stile, zweitens nicht vom fremden Generalstab, drittens nicht in einer Weise, die das neutrale Ausland selber gefährdet. Man lese in dieser Beziehung die Anklagen des Buches von G. Lechartin, Intrigues Diplomatiques à Washington. Paris Librairie Plon-Nourrit. Man sagt: Graf Bernstorff habe von all jenen Dingen nichts gewußt. Aber das ist ja eben das Charakteristische, daß sich bei uns das militärische Denken und die militärische Praxis in einer Weise von allen sonst geltenden Instanzen, Normen und Rücksichten gelöst hat, die allein schon genügte, um die ganze Welt gegen uns in Waffen zu rufen. Was hilft es, die „Schuldigen" zu bestrafen? Der preußische Militarismus war seit Friedrich dem Großen mit kurzen Unterbrechungen die herrschende Mentalität der preußischen Bildungsschichten, die dann durch Vermittlung Treitschkes die gebildeten Schichten des ganzen deutschen Volkes ergriff und die wie eine schwere geistige Erkrankung wirkte, deren starre und einseitige Einstellung auf die „Ultima ratio" und deren Denkgesetze uns von der übrigen Welt isolierte.

Armes deutsches Volk, wie schwer mußt du den beschränkten Glauben deiner herrschenden Schichten an die bloße Gewalt und ihren Unglauben an die Realität der sittlichen Mächte büßen! Es darf bei der Beurteilung der deutschen Kriegsführung gewiß nicht die psychische Wirkung der Hungerblockade außer acht gelassen werden, obwohl schon die ersten Wochen unserer Kriegsführung in Belgien, als die Blockade noch nicht in Sicht war, den Geist des ganzen Systems erschreckend genug an den Tag brachten. Wohl ist dem Auslande zuzugeben, daß jene Blockade durchaus nicht völkerrechtswidrig, sondern von unseren deutschen Kanzlern als erlaubtes Kriegsmittel anerkannt war (im Haag 1907 lehnte

Deutschland sogar den englischen Antrag auf Abschaffung der Seekaperei ab!) — man macht sich jedoch bei unsern Gegnern nicht genügend klar, welche Ur-Instinkte der Selbsterhaltung solche Hungerblockade in einem Volke weckt, und wie Vieles dadurch begreiflich wird. Bei der Beurteilung der Blockade darf übrigens nicht vergessen werden, daß die Hauptschuld für deren schlimmste Wirkungen diejenigen deutschen Kreise trifft, die ein klares Wort über die Wiederherstellung Belgiens verhinderten und dadurch den im Jahre 1917 zweimal möglichen Friedensschluß unmöglich machten. Wie schwer wirst du auch für die ganze offizielle Verlogenheit und für dein zu großes Vertrauen in die amtlichen Aussagen gestraft! Wieviel ehrliche Deutsche haben es wirklich geglaubt, daß die Gegner die Giftgasangriffe zuerst praktiziert hätten, während es sicher steht, daß w i r es waren, die damit begannen, ebenso wie auch die Zeppelin-Angriffe auf die „Festung London" ein ganz einzigartiger Beginn von unserer Seite waren. Es ist in Deutschland leider zu wenig bekannt, daß nach dem ersten englischen Luftangriff auf Freiburg i. Br., der eine Repressalie für die Torpedierung von Hospitalschiffen war, eine große Debatte im englischen Oberhaus stattfand, in der sich unter der Führung des Erzbischofs von Canterbury die angesehensten kirchlichen Würdenträger und Lords einstimmig gegen solche Repressalien aussprachen — bis nach einigen Monaten fortgesetzter katastrophaler Bombenwürfe die erregte öffentliche Meinung so dringend Vergeltungsflüge forderte, daß sich die leitenden Kreise fügen mußten. U. a. sagte der Earl von Selbourne: Was Unrecht sei, wenn es die Deutschen tun, könne nicht Recht werden, wenn es die Engländer tun. Die größte Gefahr dieses Krieges sei, daß man auf das Niveau der deutschen Kriegsführung heruntersinke. Lord Buckmaster sagte: Wenn wir einmal anfingen, zu dem Niveau des Feindes hinabzusteigen, so können wir vielleicht den Krieg gewinnen, aber es werde kein ehrenvoller Sieg sein. Eine Mutter, die zwei Söhne im Krieg verloren hatte, schrieb an die „Times":

„Ich habe meine beiden Söhne für den Krieg gegeben, meine zwei einzigen Söhne, und sie werden nie mehr zurückkehren. Ich habe sie gerne gegeben, und ich bereue es nicht. Aber wenn ich dazu leben sollte, um zu sehen, wie Engländer mit dem Auftrage ausgesandt werden, deutsche Frauen und Kinder und unschuldige Zivilpersonen zu morden, dann würde ich sicherlich zu fragen beginnen: Sind meine Söhne umsonst gestorben? Ich glaube, daß meine Gefühle von allen geteilt werden, die auf die gleiche Weise unter dem Kriege gelitten haben wie ich."

Müssen wir Deutsche uns nicht schämen, daß nicht eine einzige solche Stimme bei uns laut wurde, weder in den Parlamenten noch von seiten der Würdenträger der christlichen Kirche? —

Der deutsche Bürger aber, der die Luftangriffe auf London den
Engländern von Herzen gegönnt hatte, konnte sich nicht genug
entrüsten, als ihm nun mit der gleichen Waffe heimbezahlt wurde.
Am Himmelfahrtstage waren in die am Bahnhof Bar-le-Duc
wartende Zivilbevölkerung Bomben geworfen worden, wodurch
mehr als 50 Menschen getötet und 80 verwundet wurden. Den
Protest des Auslands gegen solche Barbarei beantwortete der
Berliner Völkerrechtslehrer Elßbacher damit, daß er erklärte, es sei
nur heilsam, daß auch die Zivilbevölkerung die Schrecken des
Krieges kennen lerne. Als nun aber die Franzosen zur Vergeltung
am Fronleichnamstage Bomben auf Karlsruhe abwarfen, da
fand es natürlich niemand heilsam, daß auch die deutsche Zivilbevölkerung die Schrecken des Krieges kennen lerne, sondern es
hieß nur „der Mordangriff auf Karlsruhe". Der amtliche Bericht
sprach natürlich von der „zwecklosen Grausamkeit dieses Überfalles
auf eine friedliche unbefestigte Stadt". So wurde es gemacht.
Ein Symbol für die ganze amtliche Volksverhetzung!

In einer Schrift über „Totes und lebendes Völkerrecht"
forderte Professor Elßbacher damals auf, „nach Karlsruhe zu
gehen und dort öffentlich vor den Hinterbliebenen der Opfer
und vor den Verwundeten sein „Lebendes Völkerrecht" zu ver-
künden und ihnen zu sagen, daß es „im hohen Maße dem Kriegs-
ziel dient", wenn die Bewohner Karlsruhes die Schrecken des
Krieges erleben!

In der zitierten Kundgebung Elßbachers haben wir die
typische Verblendung des deutschen Kriegsgeistes vor uns: Man
kommt gar nicht auf den Gedanken, die andern könnten das
gleiche tun — und obendrein in überlegener Zahl und mit
überlegener Technik! So war es auch mit den Giftgasen. Bei
längerer Dauer des Krieges hätten uns die Amerikaner allein
durch riesenhafteste Anwendung der von uns in den Krieg getra-
genen Giftgaswirkungen überwunden.

Es ist eben leider wahr und muß dem deutschen Volke
von Grund aus klar werden, daß unsere Kriegsführung in diesen
4 Jahren von Anfang an in bezug auf die Unmenschlichkeit
gerade der leitenden obersten Stellen allen anderen weit voran
war, und daß diese traurige Hegemonie kein Zufall war, sondern
mit innerster Notwendigkeit aus dem ganzen Geist unserer letzten
50 Jahre folgen mußte. Es ist leider ebenfalls wahr, daß
diese Praxis der leitenden Stellen mehr als irgendwo anders
von der einmütigen Zustimmung des sogenannten gebildeten
Publikums getragen war und unablässig durch diese Zustimmung
ermutigt und angefeuert wurde. Es war ein deutscher protestan-
tischer Theologe, der die Versenkung der „Lusitania" als ein
„erhebendes Zeugnis deutscher Wehrkraft" feierte. Die ganze

eblere Tradition, die einen Protest hätte inspirieren können, schien
im deutschen Volke verschüttet — ein Gesetz ü b e r demjenigen
der bloßen nationalen Selbsterhaltung, eine richtende sittliche
Idee, die auch diese Selbsterhaltung tiefer interpretiert und deren
Methoden weitblickend mit dem Empfinden der besten Elemente der übrigen Völker in Einklang gebracht hätte, war
nicht da — Hegel und Treitschke hatten nur zu gründlich mit
den Sentimentalitäten aufgeräumt. Jene ganz besonders moralische oder vielmehr unmoralische Situation des Neudeutschtums
müssen wir scharf erfassen, wenn wir uns aus diesem Zusammenbruch retten und von der uns umgebenden Welt wieder als
gleichberechtigt angenommen werden wollen.. Auch bei diesen
anderen gab es ebensoviel schlechte Elemente wie bei uns
— der Unterschied lag darin, daß bei uns auch die über-
wiegende Mehrheit der anständigen, selbstlosen und menschlichen Elemente mit der Unanständigkeit und Unmenschlichkeit solidarisch wurde, sobald dieselbe dem Staatsinteresse zu
dienen vorgab. Was die Welt nun von uns verlangt, das
ist das „se désolidariser".

Wir müssen aus der moralischen Isolierung heraustreten,
in die wir durch unsere neudeutsche Staatsauffassung geraten
sind, die uns mitten in unserer hochentwickelten Organisation
in die moralische Anarchie geleitet hatte. Der erste Schritt zu
jener unausweichlichen Absage an jene unsere von einem furchtbaren Irrtum getragene Vergangenheit ist die volle Anerkennung
der wesentlichen Berechtigung der gegen unsere Weltpolitik und
unsere Kriegführung erhobenen Anklagen. Solange wir noch
sagen: die anderen sind nicht besser, sie hätten an unserer Stelle
das Gleiche getan — solange sind wir von der richtigen Dia-
gnose des Übels noch weit entfernt und können uns nicht von
der Wurzel aus von dem Fluche der letzten Jahrzehnte befreien.
Gewiß sind die anderen nicht besser — aber ihre Sünden liegen
auf anderem Gebiete und reifen in anderen Zeitpunkten. Unsere
Sünde war das Kriegslaster, der Schwertglaube, die Staatsan-
betung, wir sind gefallen durch unsere Stärke; durch die Organisation und alle damit zusammenhängende besondere Art von
moralischer Korruption. Wir überlassen den andern ihre eigene
Gewissenserforschung — vielleicht haben auch sie ihre schleichende
Krankheit, die sie dereinst zu ähnlichen Katastrophen führt, wie
es heute die deutsche Katastrophe ist. Wir aber haben jetzt es
mit uns, mit unserer nationalen Selbsterkenntnis, unserer
moralischen Wiederherstellung zu tun und wollen uns an
der dazu nötigen öffentlichen Klärung und Aussprache durch
keine kurzsichtige Furcht vor dem Mißbrauch jener Gewissenserforschung durch das Ausland abhalten lassen: Gehört doch auch
die Angst vor jenem Mißbrauch ebenfalls noch zu dem alten

Geiste, d. h. zu dem materialistischen Unglauben an die rettende und versöhnende Macht des Sittlichen — man will nicht glauben, daß es eine geheimnisvolle Solidarität der Seelen in allen Völkern gibt, auf Grund deren jeder Durchbruch des Gewissens und der Menschlichkeit in einem Volke geheimnisvoll auch die höheren Gewalten in den andern Völkern ermutigt — mag auch im ersten Augenblick scheinbar der Mißbrauch und die Mißbeutung im Vordergrund sein! Dies ist der Glaube, auf den sich letzten Endes alle Sittlichkeit im Verkehr von Mensch zu Mensch, alle Liebe und alle Wahrhaftigkeit gründet, — ohne diesen Glauben wäre Haß, Mord und Lüge im Einzelleben und im Gesamtleben die einzig ernst zu nehmende Lebensweisheit.

An einer Stelle in Homers Odyssee wird berichtet, wie Odysseus vor dem Aufbruch nach Troja einen alten Inselkönig um dessen berühmtes Schlangengift bat, um es gegen die Trojaner zu verwerten und dadurch den Krieg abzukürzen. Da heißt es: „. . . Der aber gab es ihm nicht, aus Scheu vor den ewigen Göttern". — Diese Scheu hat während des Krieges niemand so vermissen lassen, wie die deutsche Oberste Heeresleitung. In jener uralten Scheu vor den furchtbarsten Mitteln der Zerstörung menschlichen Lebens lag eine Ahnung davon, daß die sittliche Weltordnung den Täter solcher Taten auch dadurch straft, daß sie in den Betroffenen noch furchtbarere Gegenwirkungen der Rache entfesselt. So wie es von Anfang an der Rechenfehler der deutschen Blut- und Eisenpolitiker war, daß ihre Vertreter übersahen, daß die Umwelt mehr Blut und Eisen aufbringen konnte, als das europäische Zentralland, so war es die unbegreifliche Verblendung der deutschen Kriegsmethoden, daß nie gefragt wurde, was wohl kommen müsse, wenn von drüben her mit der Vergeltung ernst gemacht würde.

Von den Vertretern des alten Systems wird häufig die „Demoralisation der Truppen durch revolutionäre Zersetzung" für den militärischen Zusammenbruch verantwortlich gemacht. Ganz abgesehen aber davon, daß der beschleunigte Waffenstillstand dem deutschen Heere eine katastrophale Niederlage erspart hat, die, wie unsere leitenden Militärs sehr wohl wissen, infolge der rapide an Mannschaft und Kriegsmitteln wachsenden amerikanischen Hilfe ganz unausbleiblich war — ganz abgesehen also von diesem unaufhaltsamen Ausgang unseres Krieges gegen eine Weltkoalition darf man nicht vergessen, daß die moralische Abwendung des Volksheeres von seinen Führern die notwendige Folge des sich selbst immer mehr offenbarenden preußischen Militarismus war. Der einfache Mann merkte an der Art, wie er behandelt wurde, daß die Gegner mit ihrer Kritik des ganzen Systems recht hatten. In diesem System und in der aus ihm herausgewachsenen politischen Denkweise war das Menschenrecht.

völlig dem Staatszwecke aufgeopfert. Die Behandlung der Bevölkerung in den besetzten Gebieten war ebenfalls nur ein Ausdruck dieser Gesamtdenkweise. Das kam gerade dem „deutschesten"
Teil des Volksheeres zum Bewußtsein und ließ ihn an der „ge-
rechten Sache" zweifeln. Ist es nicht bezeichnend, daß der Mili-
tarist diesen Durchbruch deutscher Moral als „Demoralisation"
bezeichnen muß?

Noch ist das deutsche Volk mit dem König Ödipus zu
vergleichen, der nicht ahnt, daß von ihm die Pest ausgegangen
ist. — Mögen die geistigen Führer Deutschlands nun endlich
einmal das große Lügensystem der „deutschen Propaganda" in
den Kriegsjahren als solches erkennen, mögen sie der Sache
vorurteilslos auf den Grund gehen, die Anklage des Auslandes
mit ehrlicher Wahrheitsliebe anhören, und mögen sie bedenken,
daß man keinen erhebenderen Beweis eines neuen Lebens geben
kann, als gründliche und furchtlose Selbstanklage, und daß
Deutschland zurzeit keine gefährlicheren Feinde hat, als diejenigen, die ihm einreden wollen, zu solcher nationaler Gewissenserforschung und Selbstanklage sei jetzt nicht der rechte Zeitpunkt.
Für den „Politiker" kommt dieser Zeitpunkt niemals — Deutschland aber braucht in diesem Augenblick zu seiner Wiederauf-
richtung etwas Höheres als „Politik", nur dieses Höhere ist
wahrhaft politisch, nur von dort aus kann das innere Chaos
Deutschlands neu organisiert und eine neue Verbindung mit der
Außenwelt geschaffen werden.

Es gibt Konflikte im Leben des Einzelnen und im Leben
der Völker, wo alle Schlauheiten der weltlichen Berechnung
nicht weiter helfen, sondern wo die Urmächte der Sittlichkeit
auf die Bühne treten müssen: ein solcher Augenblick ist jetzt im
Leben des deutschen Volkes gekommen. Ob er erfaßt oder
verpaßt wird, davon wird die Zukunft unseres Vaterlandes
abhängen. Wir können das von uns Angerichtete mit Geld
überhaupt nicht wieder gut machen — wir können es nur
moralisch wieder gut machen dadurch, daß wir durch eine wahrhaft heroische Absage an unseren Machtwahn dem Weltgewissen
eine ganz neue Tiefe und Stärke geben.

„Als Deutscher", so sagt W. Muehlon (Sommer 1918), „würde
ich nur von der deutschen Schuld sprechen, auch wenn sie nicht die
größte wäre. Aber sie ist die größte, was den Ausbruch und die
Führung dieses Krieges anlangt. Könnte es hierüber zwei
Meinungen geben, so hätten die Menschen keinen gemeinsamen
inneren Maßstab und wären zu ewiger Verwirrung der Gewissen verdammt. Um so größer ist die Macht Deutschlands,
durch das Eingeständnis seiner Schuld das Chaos, das sonst
uns zu verschlingen droht, in fruchtbares Leben zu verwandeln,
den Triumph der höheren menschlichen Regungen und die
Schaffung besserer Zustände herbeizuführen."

Ziele der deutschen Friedensgesellschaft.

Der Krieg bietet nicht die geringste
Garantie, daß mit ihm auch das Recht
zum Siege geführt werde: das Ge-
genteil ist ebenso oft der Fall.
                          Joh. Gottl. Fichte.

Die Deutsche Friedensgesellschaft hat seit mehr als 27 Jahren
den Krieg und alle Kriegsursachen bekämpft; sie hat zugleich unablässig internationale Vereinbarungen zur Sicherung des Friedens
gefordert und die Grundsätze des Völkerbundes vertreten, lange
ehe dieser Gedanke die Politik führender Staatsmänner beeinflußte.

Durch die Verschmelzung mit der Schwesterorganisation, der
während des Krieges begründeten „Zentralstelle Völkerrecht" ist eine
große pazifistische Einheitsfront entstanden.

Die deutsche Friedensgesellschaft will den Geist wahrer Völkerge-
meinschaft stärken und die Welt für einen dauernden Frieden gewinnen.
Ihre Aufgaben sind insbesondere:

I. Aufklärung über das kulturwidrige Wesen des Krieges;

II. Bekämpfung des auf nationalen Vorurteilen beruhenden, durch
gewissenlose Verhetzung genährten Völkerhasses, Vertiefung der
von den Pazifisten von jeher vertretenen Erkenntnis von der grund-
sätzlichen Zusammengehörigkeit aller Völker und von der Solidarität ihrer wohlverstanden materiellen und ideellen Interessen.

III. Unterstützung aller Bestrebungen für die Aufrichtung eines dauernden Rechtszustandes unter den Völkern; Weiterbildung aller dazu
geeigneten Formen internationaler Organisation; Umbildung
des im Friedensvertrag gegründeten Völkerbundes zu einer unlös-
baren, auf Gleichberechtigung beruhenden Gemeinschaft freier
Völker.

VI Vollständige Abrüstung aller Länder bis auf ein zur Ausübung
nationaler und internationaler Polizeigewalt ausreichendes
Mindestmaß.

Die deutsche Friedensgesellschaft weiß sich auch eins mit
den Pazifisten aller Länder, daß die Bestimmungen des Versailler
Friedens, soweit sie mit den Grundsätzen einer Völkergemein-
schaft unvereinbar sind, einer Revision unterzogen werden, und
sie sieht keine andere Möglichkeit dieses Ziel zu erreichen als
auf dem Boden internationalen Gemeinschaflebens und einer
alle Völker umfassenden Rechtsordnung.

Jede weitere Auskunft erteilt die Geschäftsstelle Berlin-Charlottenburg, Kantstr. 159. Dort werden auch Anmeldungen entgegengenommen.

Deutsche Friedensgesellschaft

Berlin-Charlottenburg   Stuttgart
Kantstr. 159   Werfmershalde 18

Schriften, die bis zur Revolution in Deutschland verboten waren.

Almanach der Freien Zeitung 1917-18.
Der erste Kollektivaufruf deutscher Republikaner in der Schweiz. 3.—5. Tausend, mit Beiträgen von J'accuse, Hugo Ball, Gottfried Beck, Dr. Ernst Bloch, Dr. Frank Bohn (Neuyork), Wolfgang Breithaupt, Jakob Feldner, Hermann Fernau, S. Flesch, Prof. F. W. Foerster, Bruno Götz. Dr. Milovan Grba, Karl Hänggi, George D. Herron, F. L. Hoffmann (Neuyork), Otto H. Kahn (Neuyork), D. Korchunow, Prof L. Markowitsch, Dr. W. Muehlon, Dr. H. Roesemeier, Konsul Dr. H. Schlieben, Dr. Edward Stilgebauer, Claire Studer, Prof. Fr. Vanderprette und Arnold Wieser; herausgegeben und eingeleitet von Hugo Ball. 305 Seiten. **M. 3,—**

Die Deutsch-Bolschewistische Verschwörung.
70 Dokumente über die Beziehungen der Bolschewiki zur deutschen Heeresleitung, Grossindustrie und Finanz, nebst einer Anzahl photograph. Reproduktionen. (Herausgegeben vom Commitee on public Information of the United States of America). 8.—10. Tausend. 128 Seiten. **M. 2,—**

Prof. O. Nippold
Durch Wahrheit zum Recht.
Prof. Nippolds Buch überragt weit jenen falschen Pazifismus, der noch heute den Völkerbund sucht, ohne die Schuldfrage zu erörtern. Es behandelt völkerrechtliche, politische und wirtschaftliche Probleme und ist für jeden unentbehrlich, der sich über den Gang der Friedensverhandlungen Rechenschaft ablegen will. — Präsident Wilson hat die Widmung angenommen. 222 Seiten, brosch. M. 8.— **M. 9,50**

Die Reden Woodrow Wilsons.
Englisch und Deutsch. (Herausgegeben vom Commitee on public Information of the United States of America) 5.—10. Tausend. — Es ist von allgemeinem Interesse, dass die offizielle Publikation der Reden Woodrow Wilsons gerade in dem Moment erfolgte, wo Präsident Wilsons Ideen die Friedensverhandlungen so erheblich beeinflussten. Der Text dieser Reden wurde von der Parteien Hass und Gunst so vielfach entstellt, dass eine revidierte Ausgabe, wie die Herausgeber sie vorlegen, einem wirklichen Bedürfnis entspricht. 194 Seiten. **M. 3,—**

Hugo Ball
Zur Kritik der deutschen Intelligenz.
2. Auflage. Eine Kritik des theologisch-politischen Systems. Ein mächtiger Versuch, die Freiheit des deutschen Gedankens zu restituiren. Der Verfasser verkündet eine Renaissance des Christentums ausserhalb der staatlichen Despotie: ein Evangelium der Armen und Entrechteten, nach Beseitigung des Kastengeistes, der volksfremden Metaphysik und der Parteibevormundung. Das Buch ist den Führern der moralischen Revolution gewidmet. 327 Seiten, brosch. 13.— **M. 15,—**

George D. Herron
Woodrow Wilson und der Weltfriede.
Uebersetzt von Elsbeth Friedrichs. Hier haben Wilsons Ideen einen ebenso frommen wie begeisterten Apostel gefunden. Die neue Welt, Amerika, erscheint im Glanze ihrer religösen Propheten, Calvin und Rousseau. Die Idee des Kreuzzugs der neuen Welt gegen die alte, die Idee der sittlich-religösen Wiedergeburt Europas und der Welt wird in zarter und einfacher Weise verkündet. Für Deutschland ist diese Sprache Amerikas neu, überraschend, ein liebender Aufruf. 110 Saiten. **M. 6,—**

Prof. F. G. Nicolai
Sechs Tatsachen zur Beurteilung der heutigen Machtpolitik.
35 Seiten   M. 1,

Prof. O. Nippold
Meine Erlebnisse in Deutschland vor dem Weltkriege (1909-1914).
37 Seiten   M. 1,

Dr. Hermann Roesemeier
Die Wurzeln der neudeutschen Mentalität.
34 Seiten   M. 2,

Dr K. Simon
Der Parademarsch vor Douaumont.
Eine Satire auf Preussentum und Hindenburg-Strategie.
28 Seiten   M. 1,8

Graf Leo Tolstoi
Sinnlose Hirngespinste.
Eine Auseinandersetzung zwischen Autokratie und Demokratie
(Unveröffentlichter Nachlass). 16 Seiten   M. 0,9

Woodrow Wilson
Die Liga der Nationen.
(Herausgegeben vom Commitee on public Information of the United
Staates of America). 24 Seiten   M. 1,-

V. L. Burzew
Seid verflucht, Ihr Bolschewiki.
14 Seiten   M. 0,9

Khariton Chavichvily
Offener Brief an den Genossen Jean Longuet.
(Zur Beurteilung der Bolschewiki nach der russischen sozialdemokratischer
Parteipresse). 35 Seiten   M. 1,50

Wilhelm Dittmann
Drei Reden über Belagerungszustand, Schutzhaft und Zensur.
(Nach dem amtlichen Stenogramm). 79 Seiten   M. 2,-

Karl Ludwig Krause
Die Politik des doppelten Bodens.
35 Seiten   M. 1,80

Dr. F. Lifschütz
Bismarckische Kriegsmethoden einst und jetzt.
16 Seiten   M. 0,90

Prof. O. Nippold
**Meine offene Korrespondenz mit Prof. Zorn,
Prof. L. v. Sybel u. Fürst Alexander zu Hohenlohe.**
56 Seiten   M. 1,50

Zu diesen Preisen kommen noch 10% Teurungszuschlag.

Zu beziehen durch alle Buchhandlungen sowie durch

Der Freie Verlag, Berlin W. 62
Kurfüstenstrasse 125.

Adler-Druckerei, (F. Zalachowski) Charlottenburg 2.

CPSIA information can be obtained
at www.ICGtesting.com
Printed in the USA
LVHW08*1919280818
588391LV00011B/135/P